PREMIERS PROBLÊMES A RÉSOUDRE :

RENAISSANCE DU CRÉDIT,

ORGANISATION DÉFINITIVE

DE LA PAIRIE.

DÉSORMAIS ce n'est plus la liberté civile, religieuse ou politique, en France, qui se trouve menacée ; c'est l'ordre public ou social entier ; c'est l'état même de civilisation, et par suite notre existence comme corps de nation, l'intégrité de notre territoire, etc.

Deux causes principales nous précipitent incessamment vers cet abîme.

1°. L'agitation de certains esprits qui tend à compromettre les garanties acquises, sous l'insidieux prétexte d'en obtenir de plus satisfaisantes encore pour la majorité.

2°. Le malaise général né de cette agitation même et de l'anéantissement du crédit ou de la confiance qui, au sein d'une population nombreuse, active, éclairée, entretient seule la circulation des richesses sans laquelle les masses périssent.

Comment faire cesser l'agitation ?

Comment rétablir le crédit ?

Les principes de l'*agitation* sont :

Ou dans les fausses théories qui consistent à outrer les conséquences de la Révolution;

Ou dans les passions qui s'efforcent de-rétroagir, pour la faire avorter.

Quelques hommes, réputés de bonne foi, que l'âge n'a point mûris, que l'expérience n'a pas formés, rêvent l'égalité sociale la plus absolue, qui n'est ni dans la loi, ni dans la nature des choses. Ils se raidissent contre toute supériorité, même contre celle que donnent le mérite ou les services, ou la fortune; prétendant soumettre à l'uniformité de leur niveau toutes les classes de la société, sans exception.

Derrière ces jeunes enthousiastes emportés par par leur imagination, s'empresse une foule grossie par la malveillance, roulant de toutes autres idées que celles d'une perfection idéale : les uns, pour ressaisir des intérêts déchus; les autres, pour usur-per plus ou moins violemment les avantages sociaux : ceux-ci poussés vers le désordre par leur immora-

·lité ; ceux-là (et c'est le plus grand nombre), jetés dans le mouvement par l'impérieuse impulsion du besoin.

Au point où nous en sommes depuis juillet 1830, il n'est pas une des innovations, provoquées par ces agitateurs, qui ne soit anthipathique avec le bonheur de la France, avec la stabilité du rang qu'elle occupe parmi les nations.

Depuis Juillet, celui des trois pouvoirs qui seul s'est toujours montré contraire à la liberté, n'ayant plus la possibilité de lui nuire, est le premier intéressé à la protéger. Tous les priviléges de la naissance, toutes les prédilections de la faveur ont disparu. Ce grand foyer d'intrigues, l'arène des courtisans, est fermé ; la source des sinécures est tarie ; celle des cumuls, condamnée dans l'opinion, le sera bientôt de fait et de droit.

Aucune ambition au-dedans ne s'élève, du moins ouvertement, soit pour exhumer le passé, soit pour dominer et maîtriser notre avenir.

Tous les rouages de notre machine politique sont sagement coordonnés. Il ne s'agit plus, pour en assurer à jamais le service le plus régulier et le plus utile, que de le régler par quelques lois organiques.

Sous le rapport de la ferme constitution de l'Etat en Monarchie légale et tempérée, notre sort est dans nos mains. Nous avons conquis notre indépendance sur les abus de l'ancien régime, sur les saturnales de la république, sur les bruyantes illusions de l'Empire, sur les hypocrisies de la restauration ; elle nous a coûté assez cher : sachons du moins la conserver.

Le malaise où nous sommes est le premier inconvénient de sa conquête ; sachons le corriger.

Pour en venir là, ne rentrons plus dans les abstractions politiques ; elles nous perdraient en consumant le temps qui nous dévore.

Ne nous faisons pas d'illusion ; tout peut nous échapper, si nos facultés s'absorbent en de vaines disputes sur ce qui est étranger au salut actuel du corps social.

Songeons-y bien, c'est la France telle qu'elle est aujourd'hui, avec ses mœurs, ses goûts, ses habitudes, ses besoins, qu'il s'agit de sauver. C'est de la génération présente qu'il faut s'occuper ; ce sont ses ressources qu'il faut ménager. C'est la France, placée au milieu d'un monde civilisé, entourée de nations puissantes, adonnées elles-mêmes au commerce et aux arts, qu'il faut empêcher de descendre au-dessous d'elles, et de devenir leur tributaire.

Prétendre arrêter, parmi nous, la marche ascendante de l'industrie, pour nous ramener à la simplicité de la primitive nature, c'est se repaître d'une chimère ; c'est vouloir tout perdre, entasser débris sur débris, immoler des millions de victimes à un mieux imaginaire. L'entreprise de conduire les populations modernes à la vertu par la force des privations, serait la plus folle de toutes les tentatives.

Des milliards de richesses, créées en établissemens de luxe, qui alimentent non-seulement tout le pays, mais l'univers, mais toutes les parties du globe, par leurs produits, seraient finalement engloutis dans cette extravagante combinaison du nivellement absolu des rangs, des fortunes, et par contre-coup des consommations.

Et à quel propos tous ces bouleversemens des professions, des arts et métiers, des machines travaillantes! Pour se raprocher, dans l'ordre social, d'une égalité qui n'est dans la nature ni des êtres ni des choses; d'une égalité qui, obtenue aujourd'hui, cesserait demain au profit du plus courageux, du plus coupable, du plus industrieux; disons mieux, au profit de ceux que le hasard aurait favorisés, que la maladie aurait épargnés, qu'une aveugle affection aurait préférés.

C'est-à-dire qu'à l'issue de cette thébaïde du nivellement, reparaîtraient toutes ces inégalités inévitables qui importunent les agitateurs de l'époque.

Ne vaut-il pas mieux conserver le *statu quo*, pour l'améliorer? Ne vaut-il pas mieux mettre toute son application à faire que le plus grand nombre possible des individus vivans de leur travail, soient appelés à participer aux bienfaits de l'industrie redevenue plus active dans ses diverses branches?

La vraie difficulté du moment est dans la crise produite et déjà trop prolongée du commerce et des manufactures; elle est dans l'impatience extrême de tous les travailleurs réduits à une inaction forcée, de tous les producteurs encombrés sous leurs produits; elle est enfin dans la diminution notable des revenus de l'Etat, dont le taux est réglé par les consommations.

Ce qui doit impérieusement être mis à l'urgence, à peine de voir tout péricliter, même l'œuvre perfectionnée et celle à perfectionner encore du législateur, c'est le moyen de désobstruer *de suite*, les canaux de la circulation; de rouvrir à l'instant et sur tous les points de la France, les divers ateliers de travail, tous les débouchés pour les transports dans l'intérieur, ou pour les exportations : c'est, en la faisant vivre, d'ôter à la multitude tout prétexte d'émeutes.

Ce moyen subit, efficace, est le rétablissement du *crédit de circulation*. Sans doute, il ne suffit pas de le vouloir; sans doute, de prime-abord, la proposition de l'improviser peut paraître hasardeuse, inconsidérée. C'est là, cependant, l'une de ces conceptions que le sentiment du danger, aidé de l'expérience, conduit à réaliser.

Dans une occurrence analogue, à peu près aussi désastreuse, aussi embarrassante pour la France, ses premiers législateurs ont bien su faire, pour son salut, ce que nous proposons aujourd'hui ; créer une *valeur de crédit circulant* dans tout le royaume, pour y remplacer le numéraire. Le choix qu'ils ont fait de cette valeur, il est vrai, est devenu, par l'événement, bien funeste au pays, après avoir long-temps soutenu ses innombrables armées et mis son existence politique à l'abri de toute atteinte.

Mais les abus commis alors, sont faciles à éviter : il n'est pas question, pour rétablir la confiance, de créer un *papier monnaie*, ni d'en rendre le *cours forcé*, ni d'en laisser la fabrication à la merci de nécessiteux et de cupides créateurs. C'est un papier dont le cours sera libre, mais motivé ; reposant sur des propriétés foncières, dans des proportions rassurantes pour le public, d'après la publicité du contrôle de sa confection et les solennités de son émission ; un signe ou effet au porteur en un mot, à *l'instar* des billets de la banque de Paris, dite la Banque de France.

Chacun des quatre-vingt-trois départemens de la France, dans son chef-lieu, ouvrirait sur le champ une banque de ce genre ; les grands propriétaires des cantons, les Pairs de France, les hauts fonctionnaires seraient appelés à l'organisation de ces

banques départementales, dans leurs arrondisse-
mens respectifs, comme à une œuvre éminemment
patriotique, et dont l'emploi, après tout, serait com-
biné de manière à ne jamais compromettre la fortune de ses membres.

Il s'agirait, de la part de chacun des premiers
souscripteurs ou fondateurs de ces banques, d'ou-
vrir au profit de ces établissemens, sur leurs im-
meubles, par voie d'obligation hypothécaire, des
crédits de cautionnement déterminés pour des
sommes fixes, dont la réunion composerait le capital de chaque banque.

En proportion de ce capital, reconnu bien effec-
tif et duement inscrit, la banque ainsi accréditée
confectionnerait, à son type, des billets ou effets
au porteur, payables à vue ou à tant de jours de
présentation.

Munie de ces billets, chaque banque ouvrirait
un *comptoir d'escompte* spécialement destiné à
venir au secours de tous les industriels agriculteurs,
fermiers, fabricans et autres producteurs du dé-
partement, dont elle échangerait le papier couvert
de deux ou trois signatures reconnues solvables.
Les personnes de chaque profession, dont les facultés auraient été jugées rassurantes, seraient admises
à se garantir mutuellement les unes et les autres,
en faisant alterner leurs signatures de confection-

raires ou d'endosseurs du papier escomptable, à concurrence du crédit concédé par la banque à leur catégorie.

L'expérience de tous les temps et de tous les lieux justifie que les crédits, ainsi répartis avec prudence et mesure, à des producteurs surtout, laissent rarement des déficit que l'on puisse déplorer.

On aura d'ailleurs, pour y faire face, et au-delà, le *bénéfice de banque* fait sur les emprunteurs par la perception d'un intérêt même modéré comme droit d'escompte ; les directeurs ou régens de ces banques, n'ayant d'autres vues que le bien public, ni d'autre ambition que celle de couvrir leurs frais.

Nul doute que l'institution de ces banques départementales ne soit suivie, sur le champ, des plus heureux résultats. En Angleterre, il n'y a pas de villes importantes qui n'aient leur banque spéciale. On connaît les immenses services qu'elles y rendent au commerce dont elles facilitent toutes les transactions.

L'administration française pourrait, dès le début, imprimer au papier de ces banques, le sceau de la confiance générale, en le déclarant admissible, dans certaines proportions, en paiement des contributions publiques.

Un seul obstacle semble s'opposer à cette multiplication des banques publiques ; c'est le privilége qu'a seule la *Banque* de Paris , dite de *France* , d'émettre des billets circulant comme monnaie volontaire.

Mais, en accordant à ce privilége toute la légalité possible , la banque de France ne pourrait , à la rigueur, en revendiquer le titre, hors du cercle de ses opérationi journalières ; il est notoire qu'elle n'opère qu'à Paris, et encore dans la circonscription du haut commerce seulement, ou plutôt d'un petit nombre de maisons de banques particulières affidées, qu'elle admet seules à l'escompte. Il est notoire que l'argent qu'elle prête à ces maisons , à l'intérêt de 4 o/o l'an, est employé par celles-ci , dans leurs négociations avec les producteurs , au taux de 6 o/o l'an, pour le moins.

C'est-à-dire que la banque de France , bornant ses services à Paris, se contente d'y faire la fortune de quelques intermédiaires , et n'est d'aucune utilité pour le commerce producteur.

Quelle pourrait donc être l'argumentation qui ferait, du privilége de la banque de France, ainsi restreint par le fait , un empêchement à l'érection des banques départementales ? Jamais on n'aurait conçu de centralisation plus tyrannique , ni de monopole plus destructeur.

Rendre la vie aux producteurs , entretenir l'activité de tous , est pour les gouvernans un devoir sacré. Nul , dans un état libre, ne peut existër avec la puissance d'empêcher le bonheur commun, pour servir ses intérêts privés.

Cette dernière considération doit porter les législateurs à s'emparer eux-mêmes de la proposition , et à porter, à l'ouverture même de leurs travaux , une loi d'institution des banques départementales , et même à autoriser l'érection , à Paris , en faveur du petit commerce , de comptoirs d'escompte qui , avec leurs billets particuliers , seraient les auxiliaires de la banque de France.

Avec ces signes d'échange rendus à la circulation , chacun se procurera bientôt les choses nécessaires et utiles dont il éprouve la privation , et qui sont encombrées dans les magasins. L'esprit de spéculation se ranimera ; le détaillant ne craindra plus de faire des commandes en fabrique : la paix au-dehors et au-dedans, ramenant la confiance, fera cesser cette exagération des reservès qui neutralisent tous les revenus.

Alors s'élevera peut-être cette puissante compagnie d'assurance que nous appelons de tous nos vœux , qui garantira aux grands propriétaires ruraux le recouvrement de leurs fermages à jour fixe.

A côté de ces établissemens de crédit, et simultanément, devrait être stimulée, par des concessions domaniales, la formation de grandes compagnies de commerce , qui iraient fonder , en la colonie d'Alger, de grands établissemens d'exploitations rurales et industrielles. Des milliers de colons, inactifs en France, que ces compagnies doteraient à leur tour, iraient peupler cette vaste contrée , et y créer des produits qui fourniraient à la métropole , plus promptement et à meilleur marché, les approvisionnemens qu'elle tire de l'Inde ou de l'Amérique.

Voilà deux grandes mesures de salut public, qui sont à prendre d'urgence par le Corps législatif, ou sur le renvoi qu'il ferait au pouvoir exécutif. Il suffirait que les Chambres les eussent prises en considération , pour que fût assurée la tranquillité de leurs délibérations sur les graves sujets dont elles ont à s'occuper.

Bientôt, par les rapides développemens de ce crédit, en quelque sorte improvisé , les affaires reprenant leur cours habituel, il serait permis d'asseoir le budjet de la France sur des prévisions plus plausibles, sur des calculs de recettes présumées , que ne démentiraient plus autant d'incertitudes. Bientôt serait entrevue la possibilité d'amortir à la longue, par une sage économie de revenus toujours effectifs , une dette nationale , dont la fatalité des commotions a si malheureusemsnt aggravé la charge.

Quand une fois on aura comprimé, sinon détruit, par des dispositions salutaires, celui de tous les principesd'agitation qui est le plus dangereux, la souffrance de tous, qui toujours accuse le gouvernement; quand de premiers soulagemens ou des démonstrations efficaces d'une sollicitude réparatrice auront fait renaître l'espérance, les autres actes de la puissance législative obtiendront, des esprits calmés, cet assentiment de majorité qui fait la force de toutes les institutions.

Alors pourra être discutée, dans le silence des passions, et pour la consolidation du régime constitutionnel, cette question devenue capitale de *l'hérédité de la Pairie*, question dont nous ne séparons pas la solution des élémens de force et de grandeur que ce pouvoir doit conserver dans l'intérêt bien entendu, et pour le salut même de nos libertés publiques.

Sans prétendre épuiser ici la série des motifs qui doivent être pesés dans cette discussion, nous posons, comme principe fondamental et constitutif, celui déjà consacré par la Charte nouvelle d'août 1830, qu'entre le pouvoir législatif, tel que l'exerce la Chambre *élective* des députés, et le pouvoir exécutif héréditairement confié au Roi, il doit exister, de toute nécessité, un troisième pouvoir, modérateur par essence des abus que pourraient commettre les deux autres. Nous partons de ce point, que la Chambre des Pairs, telle que nous l'avons maintenue, est ce pouvoir modérateur, nécessaire au complément de notre constitution.

De toutes parts, on lui conteste le droit d'hérédité, c'est-à-dire, le droit de la transmission du titre dans l'ordre successif de mâle en mâle, et de la primogéniture. On voit, dans cette successibilité légale, la consécration de priviléges, abolis par notre droit public, ceux d'aînesse et des substitutions.

Sans contredit, il y a là une distinction dont le disparate est saillant au sein d'une cité dont tous les membres sont égaux en droit. Mais, à y bien réfléchir, n'est-ce pas là une exception commandée par la nature même de notre monarchie héréditaire, proclamée compatible avec la souveraineté du peuple et le règne de la liberté ?

Ceux qui ne prennent leurs règles constituantes des états civilisés que dans les traditions, sont naturellement tentés de repousser, de tous les *états libres*, jusqu'à l'ombre d'une suprématie implantée, qui se reproduise en quelque sorte d'elle-même. Ils y voient une dérogation choquante au système de l'égalité des droits, une véritable aristocratie, dont la tendance est de commander aux autres, ou, en tous cas, de les dominer par l'ascendant des priviléges ou des préférences sociales.

Ils sont conséquens avec leurs prémisses, de ne se modeler que sur la forme déterminée jusqu'ici pour chaque nature de gouvernemens institués.

Que s'ils prenaient leur point de départ dans la spécialité du gouvernement représentatif que nous nous sommes donné ; s'ils considéraient que ce gouvernement est à la fois monarchique et héréditaire, peut-être seraient-ils amenés à revenir de l'inflexibilité de leurs idées, exclusives de toute transmission héréditaire de la pairie.

Peut-être admettraient-ils que celui qui devient Pair à la place de son auteur, et sans avoir besoin de l'investiture royale, est par cela même un être plus indépendant, qui, ne devant rien à la faveur du prince, n'aura rien à lui concéder en retour d'un bienfait reçu. Il traitera, sous ce rapport, avec lui d'égal à égal, et avec une absolue liberté de suffrages. Il aura, dans son inamovible indépendance, une autorité réelle qui contrebalancera celle du monarque, et luttera contre tous les envahissemens médités sur l'ordre constitutionnel.

Peut-être les plus chauds antagonistes de l'hérédité de la pairie reviendraient-ils de leur prévention, s'il leur était démontré qu'en aucun cas les personnages revêtus de cette haute magistrature ne peuvent se montrer contraires aux véritables intérêts du peuple ; que, loin de là , ils en seront toujours les plus zélés défenseurs.

A la vérité , pour arriver à cette conviction , la France a besoin de trouver, dans la Chambre des Pairs , des doctrines , des habitudes et des dispositions tout autres que celles qui se sont manifestées sous la dynastie déchue , et même postérieurement à sa chute. Déjà elle peut entrevoir la possibilité d'un changement total dans le subit anéantissement de ce régime de Cour, qui corrompait les mœurs de ses affiliés et les façonnait à la servitude , en feignant de l'ennoblir.

Profitant de cette abolition inespérée des grandeurs factices , dont s'énivraient les courtisans , la loi organique de la pairie , qui serait le résultat du *nouvel examen* de l'art. 23 de la Charte, réservé le 9 août 1830 , peut et doit statuer que *la dignité de Pair est à jamais incompatible avec tous emplois à la Cour, et qu'elle se perd par leur acceptation* (1).

---

(1) C'est alors que pourra s'appliquer à tous les Pairs de France ce bel éloge d'un grand Seigneur du siècle de Louis XIV :

> Jamais l'air de la Cour, ni son souffle empesté,
> N'altéra de son cœur l'austère pureté;
> Belle Aréthuse , ainsi ton onde fortunée
> Roule au sein furieux d'Amphitrite étonnée.

Déjà, par le seul fait de la promulgation de cette incompatibilité, comme d'un dogme de la Pairie française, se trouverait à jamais extirpée cette dernière racine de la féodalité, qui prétendait la reproduire comme relief et même comme appui du trône. Il y aurait, du moins, une séparation éternelle entre ces intérêts que les dangers d'élections trop fréquentes forcent de déclarer héréditaires. En aucun cas, la legislature perpétuelle ne serait transformée en tributaire de la couronne; celle-ci aurait de moins, en moyens de séduction, les nominations de Pairs. qui se trouvent maintenues.

A l'égard des *nominations à faire*, soit pour ajouter à la composition actuelle de la Chambre des Pairs, soit pour remplir les lacunes de la défaillance ou de l'indignité de la race masculine, la loi organique pourrait subordonner l'exercice de la prérogative royale à la présentation que la Chambre de Députés ferait des éligibles à la Pairie.

Si ce n'est pas assez de la distinction ou de la séparation des intérêts ainsi organisés entre le Trône et la Pairie, il faut fortifier dans celle-ci le principe d'*opposition*, qui est de son essence; il faut l'investir d'une mission qui lui inspire la prédilection des intérêts populaires, et qui lui impose le devoir de les protéger contre toute espèce de lésion.

A la place de ces protectorats intéressés, que s'arroge, en Angleterre, la grande propriété, pour se perpétuer dans la jouissance de priviléges, qui sont autant de monopoles ou de suprématies purement orgueilleuses, donnez à votre Chambre des Pairs la véritable illustration, celle des services à rendre sous tant de rapports à la grande société desFrançais. Dirigez leur éducation vers ce qui est utile à tous, en leur confiant les patronages les plus secourable.

Prenez dans son sein, après mûr examen de leur capacité, les présidens nés des associations philan-tropiques et de bienfaisance, ceux même des corps savans, du jury des arts, etc. ; vous porterez ainsi tous vos Pairs à l'étude des sciences utiles, à la protection de l'industrie et du commerce, à la direction des entreprises d'utilité publique ; bientôt leur fortune, à l'instar de celle des Pairs d'Angle-terre, sera associée à tous les grands travaux d'où découle la prospérité générale.

Avec ces dépositaires de l'honneur national qui rehaussent la dignité de la Pairie, reconstituez cet ancien tribunal des Maréchaux de France, qui fut si souvent l'arbitre judicieux de querelles mal en-tendues.

Faites servir cette heureuse agglomération d'hom-mes, déjà recommandés et honorés, à la composition d'un grand jury national , à l'arbitrage duquel seraient soumis , dans les familles , une multitude de débats que la loi positive n'a pas réglés , ou qui procéderait aux informations de capacité et de moralité , dont il importe que soient précédées certaines élections de l'autorité. Ces sortes de creusets , où la discrétion la plus impassible analyserait les qualités et dirigerait les choix , manquent dans l'ordre social , où, plus que jamais, et pour toutes les classes, il est à désirer qu'ils se multiplient. Les responsabilités , dont il est si difficile de s'assurer en théorie, seraient, par cette utile pratique, obtenues à l'avance; ce qui vaut toujours mieux.

Ouvrez , dans les rangs de la Pairie , un refuge toujours accessible aux doléances du faible , que l'injustice aura persécuté ; qu'il y trouve, à la suite de ses pétitions, reconnues légitimes , un patron dévoué , qui l'assiste jusqu'au succès.

Erigez même, dans ce centre des lumières , un comité permanent, qui se charge d'enregistrer tous les projets rédigés , dans des vues de bien public, sur les divers objets d'un intérêt général ; d'en faire le dépouillement impartial et consciencieux ; de poursuivre l'adoption de ceux reconnus avantageux à réaliser , et d'impétrer , pour leur auteur , une juste et préalable indemnité.

Elargissez, en un mot, la sphère des attributions de la Pairie ; faites qu'elle ait toute la puissance

morale que donnent les services et la popula-
rité.

Ces conditions, une fois obtenues dans votre
organisation, loin d'avoir rien à redouter du principe de l'hérédité, acceptez-le, comme la garantie
la plus certaine des libertés publiques ; admettez
que, comme lui et par lui, elles seront impéris-
sables.

Quelque moderne que soit l'institution de ces
gouvernemens mixtes, semi-monarchiques et
semi-démocratiques, dont, après quarante ans
d'essai, nous avons adopté le système, il est, dans
les leçons des publicistes, et dans celles de l'expérience, un point de doctrine, que la saine raison
conduit seule à maintenir ; c'est qu'entre deux
pouvoirs essentiellement rivaux, celui de la Chambre élective, qui tend à la démocratie, celui de la
royauté, qui tend à l'absolutisme, il faut, de toute
nécessité, placer un modérateur prépondérant, qui
prévienne ou qui arrête alternativement les antici-
pations de l'un et de l'autre.

Montesquieu, dans son *Esprit des Lois*, liv. 11,
chap. 6, énumère avec soin les divers rouages qui
font mouvoir la machine politique ainsi organisée ;
il fait voir comment la sage combinaison qu'en a
faite l'Angleterre, a mis ce pays en possession d'autant de liberté, qu'il était possible de l'en faire
jouir, à côté de graves imperfections : l'influence

du pouvoir médiateur, au milieu du mouvement, est, dans son opinion, le chef-d'œuvre de la constitution britannique.

Dans nos dispositions à imiter, prenons cette force médiatrice que donne l'hérédité au pouvoir qui en est dépositaire; corrigeons seulement les abus qu'elle pourrait transplanter parmi nous.

Il en est un, il est vrai, qui peut accidentellement ressortir de l'ordre successif et de primogéniture, celui de *l'indignité* de l'aîné successible. Sans doute, l'inconvénient est grave; il l'est d'autant plus, que la vocation de l'indigne est plus noble, et que la raison d'état s'élève contre son admission.

Mais ne nous laissons pas détourner de la voie salutaire, par la crainte de quelques écueils dont elle peut être semée, surtout si le remède au mal est prompt et infaillible.

Dans les hautes régions qu'occupe la Pairie, les cas *d'indignité*, en la personne des successeurs, seront d'autant plus rares que leur éducation politique les aura dissuadés de compromettre un immense avenir; et si la fatalité veut qu'il en survienne qui, malgré tous les soins, entraîne avec scandale une incapacité absolue, nul doute qu'en ces cas extrêmes, la Chambre éveillée par le sentiment de sa propre conservation, ne se refuse à admettre un membre gangrené.

Déjà, à une époque où la faveur était l'auxiliaire

2 *

de la puissance des noms , la Chambre des Pairs a donné un exemple éclatant de son inébranlable sévérité , en matière d'*admittatur :* on doit croire que ne devant désormais sa puissance qu'à sa dignité morale , elle se montrera plus jalouse encore d'en conserver toute la pureté, de la préserver des moindres atteintes.

Comme première condition de l'éligibilité à la Pairie, ce ne sont pas seulement les vertus privées du candidat qui devront être scrupuleusement examinées ; ce sont ses principes politiques ; c'est sa vie entière , comme citoyen, et sa vie déjà signalée par des services rendus à l'Etat. Plus la Chambre des Pairs se repeuplera d'hommes recommandés à l'avance par leurs talens, par des actions glorieuses, et surtout utiles à la Patrie , plus elle acquerra de droits au respect de tous, et de prépondérance constitutionnelle. Heureuse sera l'époque où cette Chambre recevra de leur vivant ceux dont la postérité doit honorer les mânes !

De même que l'hérédité de la couronne commande l'hérédité de la Pairie , de même il y a nécessité , pour la rendre stable, de maintenir, comme conséquence, l'institution des majorats. L'indépendance de l'appelé à la dignité tient à l'immuabilité de son patrimoine ; ce n'est pas la personne , ce ne sont pas les intérêts individuels , que la loi doit considérer ; c'est la mission à remplir , ce sont les intérêts du pays. Il y aura, sans doute, par l'érection des majorats, quelque inégalité dans des premiers partages ; mais les réserves exigées au profit des puînés, la rendront moins intolérable qu'elle ne le fut jadis, sous le régime des substitutions universelles, et le même avantage ne se répétera pas deux fois dans la même famille.

Redisons, au surplus, qu'il s'agit ici d'un grand œuvre, du salut de la France de 1831, salut à opérer avec des masses, et des nécessités données sur des valeurs immenses, dont la ruine est imminente, et causerait la plus terrible des explosions. Ce n'est plus quand la matière est en fusion, que le statuaire s'amuse à calculer si l'exécution du modèle ne laissera à regretter aucune irrégularité, si aucunes formes n'y seront blessées ; il exécute, et ensuite il corrige, modifie, ou polit tout ce qui peut l'être.

Sur ce chapitre des dotations de la Pairie, ce ne sont pas les sacrifices imposés aux familles, pour une prééminence dont l'éclat rejaillit sur tous ses membres, qui peuvent arrêter le législateur, ni légitimer les plaintes que nos niveleurs mettent dans la bouche des puînés : soyez certains que tous, dans votre France nouvelle, les subiront sans murmure.

Les puînés d'ailleurs auraient, pour ressource, cette carrière d'ambition près du trône, fermée à leurs aînés ; ils auraient, comme les fils cadets des

Lords, l'expectative de faire leur fortune dans des emplois publics, dont ils se rendraient dignes, ou dans le haut-commerce.

Dans leurs profondes méditations, les Chambres porteront plutôt leur sollicitude vers une difficulté majeure, qui va naître précisément de la sublimité de cette organisation finale de la Pairie. Notre vœu prédominant est qu'elle soit à la fois le foyer des grandes vertus, la récompense des services signalés rendus à l'Etat. Parmi les candidats que l'estime publique aura appelés à ce poste d'honneur, il en est plusieurs qui ne satisferaient pas par eux-mêmes à la condition du majorat.

C'est à la nation qui les y élève, qu'il appartient de les doter. Déjà, pour cet emploi, existent des fonds spéciaux, dont l'aliénation à vie peut être revisée, ou, qu'en tous cas, au terme prescrit, on peut rendre à la destination exclusive que la raison d'état leur assigne. Ils serviront, jusqu'à épuisement, à créer des majorats pour ceux des nouveaux Pairs que leurs qualités personnelles auront seules fait élire hors de la classe des grands propriétaires.

Que résultera-t-il, en dernière analyse, de cette reconstitution de la Pairie? Sans contredit, que la société Française sera retrempée avec d'autres élémens d'inégalité dans les conditions! Mais ainsi le veut la série des siècles, qui a amené la maturité des peuples avec toutes ses faiblesses; ainsi le com-

mande impérieusement cette industrie, seule vivi-
fiante désormais, qui est devenue notre seconde
nature. Il faut à une population nombreuse, qui ne
subsiste que par son travail, un ordre hiérarchique,
dont les cases s'ouvrent largement pour lui distri-
buer les tributs du luxe, ceux de la vanité même,
et des superfluités. Le salut commun ne peut être
obtenu qu'à ce prix.

Après cette rapide esquisse des deux délibérations
législatives dont l'urgence est sentie, comme devant
obtenir la priorité due aux mesures de conservation,
qu'il soit permis de faire sur deux autres points
soumis à la prochaine législature, *l'Enseignement
public et la Liberté de la Presse*, quelques excur-
sions plus légères encore, mais qui tendent à coor-
donner, dans un même esprit de liberté légale et
du bonheur commun, les fondations de notre édi-
fice social.

En ménageant, pour tous les citoyens, les immenses bienfaits d'une éducation mieux soignée,
les législateurs de 1831 ne doivent pas perdre de
vue l'état dans lequel ils trouvent la génération présente qui n'est plus aussi malléable que l'exigerait
le cours des choses, et celle qui s'avance, dont il
s'agit, surtout, de diriger les facultés vers les emplois les plus utiles à la communauté des Français.

Au moment où les hommes d'aujourd'hui se
sont formés, il existait une multitude d'emplois

que leur produit faisait rechercher, quoiqu'ils tinssent à des abus ou à des habitudes que la raison ou la fatalité des commotions ont fait réformer. Quelles qu'en soient les causes, il est trop notoire que déjà, parmi nous, nombre de capacités sont condamnées à une complète inaction.

Dans une situation semblable, les premiers soins du législateur ne doivent-ils pas se porter vers ces systêmes d'éducation qui peuvent attacher la jeunesse de l'époque plus fortement au sol, à la condition de leurs pères, et la détourner de ces transmigrations dans les villes qu'elle surchargerait d'un poids inutile et dangereux. Sans doute, l'humanité doit désirer l'instruction pour tous; mais ce qu'elle réclame en première ligne, c'est la subsistance pour tous. Le premier devoir de l'administration, qui plane sur toutes les misères inséparables de la multiplication des êtres, est de veiller, par tous les moyens, à ce qu'elles soient soulagées par le travail, qui n'est possible qu'autant qu'il est judicieusement réparti.

Quant à la Liberté de la presse, ce *palladium* de notre existence politique, prétendre l'enchaîner dans l'exercice qu'elle fait du droit de surveillance, d'avertissement et même de critique, ce serait vouloir la résurrection du despotisme. A Dieu ne plaise qu'une telle hérésie vienne altérer les doctrines constitutionnelles !

Mais on peut abuser de tout : les substances les
plus nourricières, inconsidérément distribuées,
deviennent un poison. La liberté de tout dire sur
les matières politiques, ne peut pas être la licence
qui s'attache aux personnes et à la vie privée, qui
publie comme faits avérés des récits mensongers,
qui accuse sans nécessité des actes indifférens ou
qui s'expliquent au premier examen.

Ces abus de la presse sont graves : ils troublent
la paix des familles, ils interrompent journellement
le cours des transactions les plus importantes : ils
font avorter les meilleurs projets, ils compriment
l'essor d'une foule de capacités qui auraient pris les
plus heureux développemens.

Il est urgent de les corriger.

Nos voisins, qui nous ont devancés dans la carrière des émancipations politiques, n'ont pas craint
de porter des lois très-sévères contre les abus de la
presse. Des peines pécuniaires, de fortes amendes,
sont la juste répression de ce genre de délits,
qu'une soif trop ardente de la vogue conduit seule
à commettre.

On dénonce avec raison les abus de la centralisation administrative : il y a urgence d'en sup-
primer les rouages inutiles, dont la multiplication
va jusqu'à l'absurde. Mais l'émancipation des loca-
lités ne doit pas aller jusqu'à l'altération du principe d'unité dans le Gouvernement, et d'unifor-

mité dans l'exécution des mesures de finances ou ou autres parties du service public dont l'organisation fait la force de la France.

Nous sommes vivement pressés par l'attitude de l'Europe et par les besoins de la civilisation, de réformer, par nos institutions, tout ce qui peut être d'un dangereux exemple. Travaillons-y sérieusement ; les voies nous sont ouvertes, les règles sont tracées, le but est indiqué : corrigeons, améliorons pour l'atteindre, et ne bouleversons plus rien.

Par un ancien JURISCONSULTE, *défenseur des libertés légales , dans plusieurs écrits publiés avant et depuis Juillet* 1830.

Imprimerie PORTHMANN , rue Sainte-Anne, n. 43.

www.ingramcontent.com/pod-product-compliance
Ingram Content Group UK Ltd.
Pitfield, Milton Keynes, MK11 3LW, UK
UKHW021204140726
13695UKWH00005B/2340